Autres livres déjà parus dans cette collection :
Les affaires
Les femmes

© Helen Exley 1995
© Editions Exley sa 1996
13, rue de Genval B-1301 Bierges
Tél. & fax : 32 + (0)2 + 652.18.34

ISBN 2-87388-057-0
D/7003/1996/2

Adaptation française : Bernadette THOMAS

Tous droits réservés.

Les Editions Exley remercient les détenteurs des droits de copyright artistique et littéraire pour leur aimable autorisation de reproduction; si l'un d'entre eux avait été oublié, qu'il veuille bien se manifester afin de réparer cette omission dans la prochaine édition de ce livre.

Remerciements et crédits picturaux à Wendell Berry, "Collection de poèmes", © Wendell Berry ; Thornkild Bjornvig : "Le hibou" cité dans "Les Nouvelles de l'Univers", © 1980, Robert Bly, Sierra Club Books ; Rachel Carson : "Le printemps silencieux", © Rachel L. Carson 1962 publié par Hamish Hamilton Ltd, réimpression autorisée par Laurence Pollinger Ltd ; Rick fields : "Chop Wood, Carry Water" de Rick Fields, Peggy Taylor, Rex Weyler et Rick Ingrasci, publié par Jeremy P. Tarcher Inc, © 1894 Rick Fields, Rex Weyler, Rick Ingrasci et Paggy Taylor ; Mahatma Gandhi, "Les mots de Gandhi", sélectionnés par Sir Richard Attenborough, publié par Newmarket Press, USA, © 1982 ; Yuri Glazkow : "La planète terre" publiée par Macdonald/Queen Anne Press, © Kevin W. Kelley 1988. Reimpression autorisée par Headline book Publishing Plc ; Hyland : "The stubborn forest" publié par Bloodaxe Books (UK), 1984 © Paul Hyland 1984 ; Mary Oliver : "Dream work", © Atlantic monthly press USA ; Jonathon Porritt : " Sauvez la terre" publié par Dorling Kindersley © 1991 Dorling Kindesley et Jonathon Porritt ; Barbara Ward et René Dubos : "Une seule terre" publié par André Deutsch, 1972 © The report on the Human Environment Inc 1972.

Crédits Picturaux : Archiv fur Kunst (AKG), Art Resource (AR), Bridgeman Art Library (BAL), Edimedia (EDM), Fine Art Photographic Library (FAP), Giraudon (GIR), ZEFA Picture Library (ZPL). Couverture : LEISTIKOW (AKG) / page de titre : CAMILLE PISSARRO, Mannheim Art Gallery (BAL) / page 6, © Adrian Stokes, "Automne dans les montagnes" (BAL) / page 8 : JOHN ATKINSON GRIMSHAW, Christopher Wood Gallery (BAL) / page 10 : H.E. CROSS (BAL) / page 13 : LEISTIKOW (AKG) / page 14/15 : JEAN FRANCOIS MILLET (AKG) / page 16 : GUSTAVE KLIMT (AKG) / page 18/19 : FERNAND KHNOPFF, Whitford & Hughes, London (BAL) / page 20/21 : VALENTIN SEROW (AKG) / page 23 : LUCIEN FRANK, gracieusement par la Galerie Berko (FAP) / page 25 : PIERRE AUGUSTE RENOIR, Christie's (Londres) (BAL) / page 26 : VINCENT VAN GOGH (AKG) / page 29 : HENRI DELACROIX (ZPL) / page 30/31 : PAUL GAUGUIN (EDM) / page 32 : VINCENT VAN GOGH, Metropolitan Museum of Art, N.Y. (EDM) / page 34 : GUSTAVE COURBET (AKG) / page 36 : JOHN BYAM LISTON (BAL) / page 39 : VANESSA BELL, Bonhams, London, (BAL) / page 41 : CAMILLE PISSARRO, mannheim Art Gallery (BAL) / page 46 : PAUL GAUGUIN (GIR/AR) / page 49 : © Lamorna Birch, Galerie George, London (BAL) / page 50/51 : JOHN EDWARD NEWTON (AKG) / page 52/53 : ARCHIP Musée d'Orsay (GIR/BAL) / page 54/55 : VINCENT VAN GOGH (EDM) / page 56/57 : ARCHIP KUINDSKI (AKG) / page 58 : VINCENT VAN GOGH (AR) / page 60/61 : VINCENT VAN GOGH (AKG)

LA NATURE
LES MEILLEURES
CITATIONS

UN LIVRE DE
DALTON EXLEY

≡EXLEY
PARIS, LONDRES

Dans les bouleaux, par ce soir d'août,
[les gazons fument
et propagent dans l'air une douce amertume.
THOMAS BRAUN (1876-1961), *"Fumée d'Ardenne"*

Paisibles, les gentils chevreuils broutent :
leur fôret-refuge leur donne tout ce dont ils
ont besoin.
L'avidité ni l'envie n'assombrissent leurs jours.
Eux sont des animaux et nous sommes sages !
BHARTRIHARI, *"Poèmes du Sanskrit"*

Nous payons trop cher ce que nous appelons "progrès". Il n'y a pas que la terre qui paie le prix de notre obsession au développement industriel, il y a aussi cette part fragile de nous qui aspire plus à un idéal supérieur qu'à une richesse matérielle.
JONATHON PORRITT

Ecoute l'arbre et la feuille.
La nature est une voix.
Qui parle à qui se recueille
Et qui chante dans les bois.
VICTOR HUGO (1802-1885)

Ce curieux monde que nous habitons est plus merveilleux que pratique, plus beau qu'utile ; on a plus à l'admirer et à en jouir qu'à l'utiliser.

HENRY DAVID THOREAU (1817-1862)

Si vous parvenez à respecter les fleurs et les arbres, vous finirez par aimer la terre qui les porte, la lumière qui les baigne, l'eau qui les nourrit ; vous aimerez le site entier qui les encadre ; en un mot, vous aimerez le coin du sol où vous êtes né ; vous aimerez votre pays. (...) Et, plus tard, vous aimerez le monde.

EMILE VERHAEREN (1855-1916)

… N'est-elle pas notre précieuse demeure à nous, les terriens ? N'a-t-elle pas droit à tout notre amour ? Ne mérite-t-elle pas toute l'inventivité, le courage et la générosité dont nous sommes capables pour la préserver de la dégradation, de la destruction et ainsi assurer notre propre survie ?

BARBARA WARD (1914-1981) et RENÉ DUBOS (1901-1982)

Le lointain est une invitation pour les yeux.
Quand ils l'atteignent, l'esprit peut s'étirer
pour rencontrer ces nouveaux horizons.
Je défie quiconque de se tenir en automne
sur le sommet d'une colline et de ne pas
apercevoir de nouvelles dimensions non
seulement autour de lui mais aussi en lui.
HAL BORLAND

La Nature est un temple où de vivants piliers
Laissent parfois sortir de confuses paroles;
L'homme y passe à travers des forêts de
[symboles
Qui l'observent avec des regards familiers.
CHARLES BAUDELAIRE (1821-1867), *"Les Fleurs du Mal"*

Je suis venue ici (Livry) achever les beaux
jours, et dire adieu aux feuilles : elles sont
encore toutes aux arbres; elles n'ont fait
que changer de couleur : au lieu de vertes,
elles sont aurore, et de tant de sortes
d'aurore, que cela compose un brocart d'or
riche et magnifique.
MARQUISE DE SÉVIGNÉ (1626-1696), *"Lettres"*

Mais comment exprimer cette foule de
sensations fugitives, que j'éprouvais dans
mes promenades ? Les sons que rendent
les passions dans le vide d'un coeur
solitaire ressemblent au murmure que
les vents et les eaux font entendre
dans le silence d'un désert.
FRANÇOIS-RENÉ DE CHATEAUBRIAND (1768-1848)

Ceux qui contemplent la beauté de la
Terre se constituent des réserves d'une
force qui durera toute leur vie.
Il y a une beauté symbolique aussi bien
que réelle dans la migration des oiseaux,
le flux et le reflux de la marée, le bourgeon
encore clos prêt pour le printemps.
Il y a quelque chose d'infiniment apaisant
dans ces mouvements répétitifs
de la nature : l'assurance qu'après la nuit
vient l'aurore, après l'hiver le printemps.
RACHEL CARSON (1907-1964),
"Le printemps silencieux"

Un frais parfum sortait des touffes
d'asphodèles; Les souffles de la nuit
flottaient sur Galgala. L'ombre était
nuptiale, auguste et solennelle.

VICTOR HUGO (1802-1885), *"Booz endormi"*

Le principe de l'approfondissement
de notre être, c'est la communion
de plus en plus profonde
avec la nature.

GASTON BACHELARD (1884-1962)

J'aime fort les jardins qui sentent le sauvage.
PIERRE DE RONSARD (1524-1585)

Un jeune hibou se posa un jour,
majestueux, sur mon doigt, avec son ouïe
fine, toute sa vigilance et son bec à moitié
fermé. Je sentis son immense regard jaune
planter quelque chose d'étranger en moi,
un calme profond, une folle liberté;
mon coeur éclata de rire lorsqu'il s'envola
de ses douces ailes.
THORKILD BJORNVIG, *"Le Hibou"*

Mais la nature est là qui t'invite et qui t'aime
ALPHONSE DE LAMARTINE (1790-1869),
"Méditations poétiques"

HYMNE À LA TERRE, MÈRE DE TOUS

Gaia, notre mère à tous, solide et splendide
comme le roc, aînée de toute créature !
Je chante la grandeur de la Terre !
Mère des dieux, épouse du ciel étoilé,
Adieu !
ANONYME, *Grèce (6è siècle avt J.-C.)*

Sur tous les sommets des collines
Le silence,
Des faîtes des arbres
On entend à peine
Une légère respiration.
Les oiseaux se taisent dans les bois.
Attends simplement. Bientôt
Toi aussi tu seras silencieux.

JOHAN WOLFGANG VON GOETHE (1749-1832)

La grande mer
M'a envoyée à la dérive
Je suis toute remuée
Comme une herbe dans le grand fleuve
La Terre et le mauvais temps me remuent,
m'ont transportée loin
Et au plus profond de moi,
M'émeuvent de joie.

UVAVNUK, *chaman esquimaude*

Toute la nature sort
de l'or; elle émerge
de son bain d'éternité.

PAUL CLAUDEL (1868-1955), *"Dodoitzu pour éventails"*

Sors, je t'en prie, va dehors et goûte à la beauté de la nature sauvage. Vois les miracles de la terre avec l'émerveillement d'un enfant.
JACQUES EDNA

La terre n'est pas… un simple reste d'une histoire morte, strate après strate, comme les pages d'un livre, un objet de musée, une antiquité, mais une poésie vivante comme les feuilles d'un arbre. Pas un fossile mais un spécimen vivant.

HENRY DAVID THOREAU (1817-1862)

Certaines nuits, reste debout jusqu'à l'aube…
Sois un grand seau, tiré des
obscures profondeurs d'un puits
et porté vers la lumière.
Quelque chose ouvre nos ailes. Quelque chose fait disparaître l'ennui et la peine. Quelque chose remplit notre coupe. Nous goûtons alors au sacré.

JALAL AD-DIN AR-RUMI (1207-1273), *Perse*

Accorde moi la grâce d'être seul,
Qu'aller dehors chaque jour soit ma règle
parmi les arbres et les herbages
parmi toute plante vivante
et que je sois seul et me mette en prière
pour parler à Celui à qui j'appartiens.

RABBI NACHMAN DE BRATZLAV

Les sources lui font sous la mousse une musique divine; et dans les branches, au-dessus de sa tête, des tas de fauvettes viennent lui chanter leurs plus jolis airs; et tout le petit bois conspire…
ALPHONSE DAUDET (1840-1897),
"Le sous-préfet aux champs"

… (il avait) un amour pour son sol natal totalement mystique. Il disait (que) des pieds sains peuvent entendre le coeur même de la Sainte Terre… Toujours debout avant l'aurore, il aimait se baigner les pieds en marchant dans la rosée matinale.
dans une biographie de SITTING BULL

Voyez mes frères, le printemps est revenu ! La terre a reçu la caresse du soleil et nous allons voir les résultats de cet amour ! Chaque semence s'éveille ainsi que chaque vie animale. Par cette force mystérieuse que nous existons et c'est pourquoi nous réclamons, même pour les animaux, le même droit que le nôtre d'habiter cette terre.
TATANKA YOTANKE ou SITTING BULL (1834-1890)

Mais la nature est là qui t'invite et qui t'aime;
Plonge-toi dans son sein qu'elle t'ouvre toujours;
Quand tout change pour toi, la nature est la même,
Et le même soleil se lève sur tes jours.

Suis le jour dans le ciel, suis l'ombre sur la terre;
Dans les plaines de l'air vole avec l'aquilon;
Avec les doux rayons de l'astre du mystère
Glisse à travers les bois dans l'ombre du vallon.

Repose-toi, mon âme, en ce dernier asile,
Ainsi qu'un voyageur qui, le coeur plein d'espoir,
S'assied, avant d'entrer, aux portes de la ville,
Et respire un moment l'air embaumé du soir.

De lumière et d'ombrage elle t'entoure encore :
Détache ton amour des faux biens que tu perds;
Adore ici l'écho qu'adorait Pythagore,
Prête avec lui l'oreille aux célestes concerts.

Dieu, pour le concevoir, a fait l'intelligence :
Sous la nature enfin découvre son auteur !
Une voix à l'esprit parle dans son silence :
Qui n'a pas entendu cette voix dans son coeur ?

ALFRED DE LAMARTINE (1790-1869)
"Le vallon"

Si la Terre n'avait que quelques pieds de diamètre, flottant au-dessus d'un champ quelque part, les gens viendraient de partout pour s'émerveiller devant elle… devant toutes les créatures qui circulent à sa surface et celles dans l'eau. Les gens la déclareraient sacrée parce qu'elle est unique et ils la protégeraient pour qu'on ne l'abîme pas. Cette boule serait la plus grande merveille connue, les gens viendraient y prier, pour être guéris, recevoir un savoir, pour connaître la beauté et se demander comment c'est possible.

JOE MILLER

Si l'on s'attache surtout aux plaisirs intérieurs, et si l'on fait de ses oreilles et de ses yeux l'intermédiaire qui procure les plaisirs extérieurs, on reçoit un plaisir immense de la beauté des paysages et des dix mille choses qui se trouvent entre le ciel et la terre.

KAIBARA EKIKENN (1630-1714),
"Philosophie du plaisir"

Vous oubliez que les fruits sont à tous et que la terre n'est à personne.

JEAN JACQUES ROUSSEAU (1712-1778),
"Discours sur l'origine et les fondements de l'inégalité parmi les hommes".

Les labours ont le ton fané des roses sèches
Et font briller au loin leur océan moelleux…
Je vois la fleur crémeuse et large des sureaux
Comme une Voie lactée rêver dans la verdure.

COMTESSE DE NOAILLES (1876-1933)

Tu n'as pas le devoir d'être bon.
Tu n'as pas à marcher des kilomètres
à travers le désert, repentant.

Tu n'as qu'à laisser le doux animal
qu'est ton corps aimer ce qu'il aime.
Parle-moi de désespoir, du tien
et je te dirai le mien.

En attendant le monde tourne.
En attendant le soleil
et les mille grains de pluie
circulent de part les paysages,
au-dessus des prairies et des arbres,
des montagnes et des rivières.
En attendant les oies sauvages
haut dans le ciel bleu
se pressent à rentrer chez elles.

Qui que tu sois, si seul sois-tu,
le monde s'offre à ton imagination,
se rappelle à toi, comme les oies sauvages,
rude et passionnant.
Te donnant encore et encore ta place
dans la famille de tout ce qui existe.

MARIE OLIVER

Il y a des lieux que l'on admire, il y en a d'autres qui touchent et où l'on aimerait à vivre. Il me semble que l'on dépend des lieux pour l'esprit, l'humeur, la passion, le goût et les sentiments.

JEAN DE LA BRUYERE (1645-1696)

Mon enfance, ma libre et solitaire adolescence, toutes deux préservées du souci de m'exprimer, furent occupées uniquement de diriger leurs subtiles antennes vers ce qui se contemple, s'écoute, se palpe et se respire. Déserts limités,et sans périls; empreintes sur la neige, de l'oiseau et du lièvre; étangs couverts de glace, ou voilés de chaude brume d'été; assurément, vous me donnâtes autant de joie que j'en pouvais contenir.

COLETTE (1873-1954), *"Journal à rebours"*

Le journaliste :
"Monsieur Gandhi, que pensez-vous de la civilisation moderne ?"
Gandhi :
"Ce serait une bonne idée !"

J'admire immensément la nature plénière
Depuis l'arbuste nain jusqu'au géant soleil;
Un pétale, un pistil, un grain de blé vermeil
Est pris, avec respect, entre mes doigts
 [qui l'aiment;
Je ne distingue plus le monde de moi-même,
Je suis l'humble feuillage et les rameaux
 [flottants,
Je suis le sol dont je foule les cailloux pâles
Et l'herbe des fossés où soudain je m'affale
Ivre et fervent, hagard, heureux et sanglotant.
EMILE VERHAEREN (1855-1916), *"La multiple splendeur"*

L'onde était transparente ainsi
qu'aux plus beaux jours.
JEAN DE LA FONTAINE (1621-1695), *"Le Héron"*

Un jour viendra peut-être - qui sait si ce
n'est pas aujourd'hui ? - où la science
reprendra sa figure normale : source de
sagesse et de non puissance, à l'égale
de la musique et de la poésie :
une interprétation de la Nature et non
une exploitation éhontée.
CHARLES MORGAN (1894-1958), *"Le cristal ardent"*

Sincèrement, ce n'est pas tellement par sa
beauté que la forêt attire le coeur des
hommes, c'est surtout par quelque chose
de plus subtil, par une qualité de l'air qui
émane des vieux troncs et qui transforme
et renouvelle merveilleusement
une âme fatiguée.
ROBERT STEVENSON (1850-1894)

La terre soufrée et vert tendre s'en allait à
l'infini portant dans sa houle des arbres de
guingois et des buissons légers et
transparents comme l'écume. On était en
plein dans ces chaleurs qui s'attardent en
automne. Le vent languissait mais, sur ces
espaces libres, avait la voix de la mer,
même dans ses plus légers soupirs.
JEAN GIONO (1895-1970), *"Le hussard sur le toit"*

Les arbres sont des poèmes que la terre
écrit sur le ciel. Nous les abattons et
les transformons en papier
pour y consigner notre vacuité.
KAHLIL GIBRAN (1883-1931), *"Sable et Ecume"*

— 39 —

C'est dans le coeur de l'homme
qu'est la vie du spectable de la nature;
pour le voir, il faut le sentir.
JEAN JACQUES ROUSSEAU (1712-1778), *"Emile"*

Il fait beau, l'eau frissonne, l'air vibre,
le bois chante, le ciel dans les
feuillages verts brille…
VICTOR HUGO (1802-1885)

Notre rencontre n'aura pas été vaine si elle
permet de faire comprendre aux peuples
du Sud que l'écologie n'est pas un luxe
de nantis, et à ceux du Nord qu'il n'est pas
de vraie protection de l'environnement
sans aide au développement.
LE PRÉSIDENT FRANÇOIS MITTERRAND,
Au sommet de la Terre à Rio de Janeiro en juin 1992.

Midi, Roi des étés, épandu sur la
plaine. /Tombe en nappes d'argent
des hauteurs du ciel bleu. /Tout se tait.
L'air flamboie et brûle sans haleine. /
La Terre est assoupie en sa robe de feu.
LECONTE DE LISLE (1818-1894), *"Midi"*

41

Le bocage encore clair n'est qu'une grande
famille de verticales. La lumière toute
neuve se félicite de sa pureté retrouvée et
sa première idée c'est tout simplement de
courir sur le monde. Le promeneur se
réjouit de la transparence des haies…
Le printemps, c'est l'affaire du soleil.

CLAUDE SAVARY

En cette saison printanière de l'année,
quand l'air est doux et plaisant,
ce serait une injure à la nature
et vraiment dommage de ne pas
aller dehors voir sa magnificence
et partager sa façon
de relier le ciel et la terre.

J. MILTON (1608-1674)

Je suis rempli de joie
Lorsque le jour se lève doucement
Par dessus le toit du ciel.

CHANT ESQUIMAU

Pour trouver le beau, nous pouvons parcourir le monde en tous sens, si nous ne le portons pas en nous, nous ne le trouverons pas.

B. MOLS

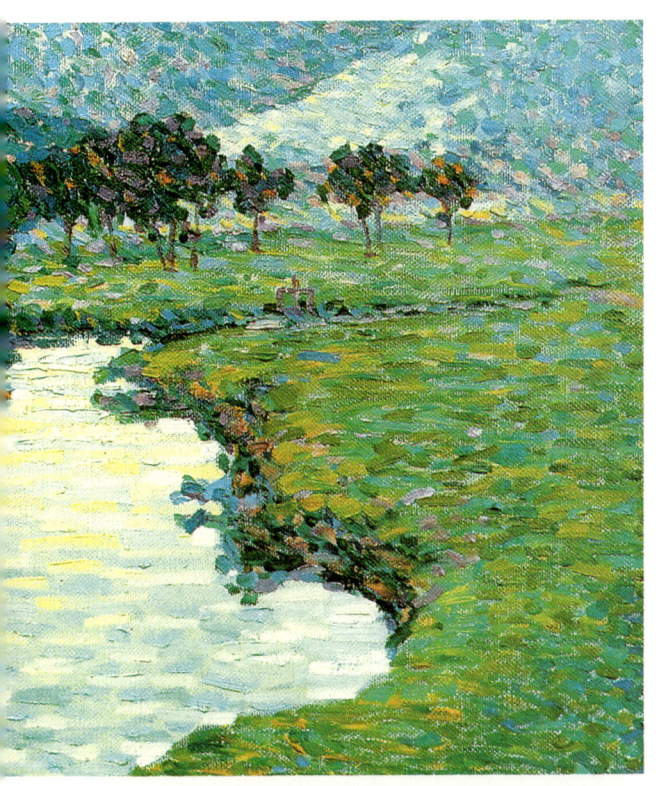

46

C'est un trou de verdure où chante une
[rivière
Accrochant follement aux herbes des
[haillons
D'argent; où le soleil, de la montagne fière,
Luit: c'est un petit val qui mousse de rayons.

ARTHUR RIMBAUD (1854-1891), *Le dormeur du val*

L'évolution nous a montré que rien n'est stable : les continents dérivent sur les océans, les forêts deviennent des déserts et les dinosaures ont cédé la place à des tamanoirs poilus. Alors que c'était jadis le vent et le soleil qui dictaient l'évolution, le futur proche de cette planète dépend maintenant de la réflexion et de l'action de l'homme. De la lutte entre l'avidité, la compassion, la peur et l'intelligence dépend à présent la destinée de toute vie sur Terre.

CHARLES BRAGG

Presque tout ce que vous faites semble insignifiant, mais il est essentiel que vous le fassiez.

MAHATHMA GANDHI (1869-1948)

L'amour infini, (...), je le trouvais exprimé par ce long ruban d'eau qui ruisselle au soleil entre deux rives vertes, par ces lignes de peupliers qui parent de leurs dentelles mobiles ce val d'amour, par les bois de chênes qui s'avancent entre les vignobles sur des coteaux que la rivière arrondit toujours différemment, et par ces horizons estompés qui fuient en se contrariant.
HONORÉ DE BALZAC (1799-1850),
"Le Lys dans la Vallée"

Nous devons décider d'une conception de la sécurité qui traiterait toutes les menaces dues à la pauvreté et à la dégradation de l'environnement avec le même degré d'attention et d'urgence que l'on donne aux risques de guerre.
GRO HARLEM BRUNDTLAND

Une bonne idée qui n'est pas partagée ne porte pas de fruits et disparaît peu à peu; si partagée, elle vivra toujours parce que, passant d'une personne à l'autre, elle ne cesse de grandir.
LOWELL FILLMORE

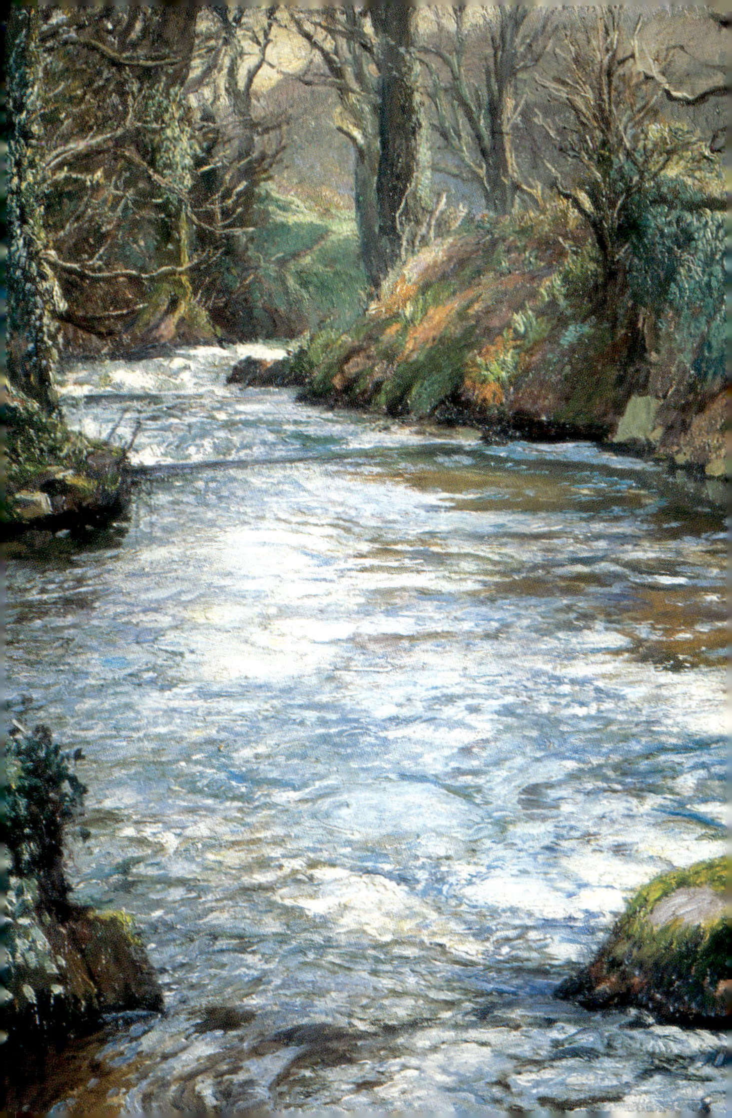

Qu'il fallait peu de choses à ma rêverie !
Une feuille séchée que le vent chassait
devant moi, une cabane dont la fumée
s'élevait dans la cime dépouillée des arbres,
la mousse qui tremblait au souffle du Nord
sur le tronc d'un chêne, un étang désert
où le jonc flétri murmurait !

FRANÇOIS-RENÉ DE CHATEAUBRIAND (1768-1848)

Observez les lys des champs,
comme ils croissent;
ils ne peinent ni ne filent,
et je vous le dis,
Salomon lui-même,
dans toute sa gloire,
n'a jamais été vêtu comme l'un d'eux !

MATTHIEU, CH. VI, 28-29

Impossible de dormir cette nuit
Par la fenêtre entrouverte
Pénètre le parfum des pruniers.

OTSOUYOU, *Haïkaï*

Sainte Mère la Terre, les arbres
et toute la nature sont témoins
de vos pensées et de vos actes.

Parole de sage Winnebago

La terre n'appartient pas à l'homme
C'est l'homme qui appartient à la terre
La terre est donc notre mère à tous.

*SEATTLE, chef des Indiens Dwamish, en 1854,
au Président des USA*

Je veux réaliser la fraternité et respecter
l'identité pas seulement des êtres appelés
humains mais de toute vie, même celle
des êtres qui rampent par terre.

MAHATMA GANDHI (1869-1948)

Photographiée de la lune, (la terre) ressemble à une sorte d'organisme, qui serait -comme un énorme embryon- dans un processus de développement. Malgré sa taille gigantesque et la complexité de ses éléments, elle est cohérente. Pour survivre, chaque composant est comme tissé aux autres et en est dépendant.

L. THOMAS, *"Méduse et l'escargot"*

La nature fut d'une bonté sans limite pour nous, aidant l'humanité à naître, à se dresser, à devenir plus forte. Elle nous a donné, généreusement tout ce qu'elle avait amassé pendant les milliards d'années de son développement préhistorique. Nous sommes devenus forts et puissants, et maintenant, comment répondons-nous à cette bonté ?

YURI GLOZKOV

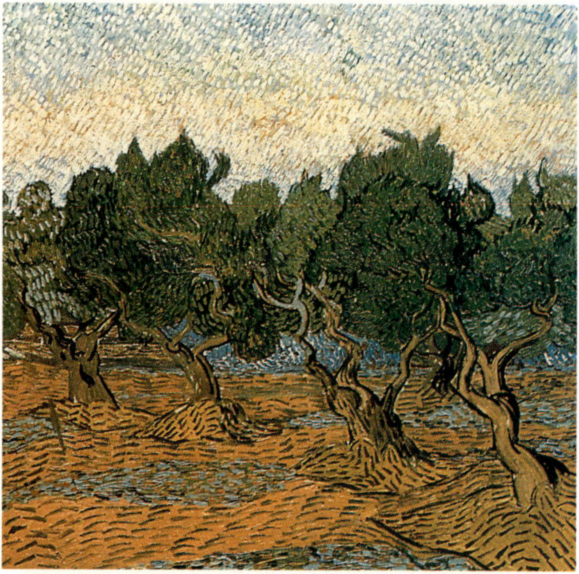

… Quelques sillons dans un champ labouré - un peu de sable, la mer et le ciel - sont des sujets sérieux, si difficiles, mais en même temps si beaux, que cela vaut vraiment la peine de consacrer sa vie à exprimer la poésie qui s'y trouve.
VINCENT VAN GOGH (1853-1890), *"Lettres, 1er volume"*

Tout dit dans l'infini quelque chose à quelqu'un (...)
Arbres, roseaux, rochers, tout vit !
Tout est plein d'âmes.
VICTOR HUGO (1802-1885), *"Les contemplations"*

L'homme a le droit de s'inquiéter sur lui-même tant qu'il se sent perdu, isolé, dans la masse des choses. Mais il doit repartir joyeusement en avant dès lors qu'il découvre son sort lié au sort même de la Nature. Car ce ne serait plus, chez lui, vertu critique, mais maladie spirituelle, que de suspecter la valeur et les espoirs d'un Monde.
PIERRE TEILHARD DE CHARDIN (1885-1955),
"Hynme de l'Univers".

Lumière profuse; splendeur. L'été s'impose
et contraint toute âme au bonheur.
ANDRÉ GIDE (1869-1951), *"Journal 1943"*

Les paysages étaient comme un archet
qui jouait sur mon âme.
STENDHAL (1783-1842), *"Vie de Henry Brulard"*